ROSHNI

Wohnt in Lachung (Indien)
Expertin für den Weltraum

Roshni lebt in der Nähe des Himalaja-Gebirges und interessiert sich seit je für das, was weit über den Bergspitzen liegt: die unermessliche Weite des Universums. Sie ist sehr ruhig, meistens entspannt und verbringt viele Nächte damit, zu den Sternen aufzublicken und darüber nachzudenken, was hinter ihnen liegt. So verirrt Roshni sich oft in ihrer riesigen Gedankenwelt.

DK

Ein Fall für die ForscherKids

Rettet die Wale!

S. J. King

INHALT

CONNORS NOTIZEN

Kapitel 1

ALGEN FISCHEN

Connor tauchte seinen Kescher in den Teich und holte einen dicken Klumpen Algen heraus, lange Stränge winziger Pflanzen, die aussahen wie ein gefährliches Seeungeheuer. Und irgendwie waren sie das auch. Zu viele Algen im Teich stahlen den anderen Pflanzen das Licht, sodass sie absterben würden.

Die Blätter der Walnussbäume in seinem Garten glänzten in der Sonne und Connor nutzte den kühlen Vormittag, um das Wasser im Teich hinter seinem Haus zu säubern. Vor der Mittagshitze sollte er fertig sein.

Er kippte die Algen ans Ufer. Gerade als er noch mehr herausfischen wollte, sah er im Kescher etwas zappeln. Eine Kaulquappe!

„Hallo!", sagte Connor. „Was wird denn mal aus dir? Ein Ochsenfrosch? Oder ein Leopardfrosch?" Vorsichtig tauchte er das Netz ins Wasser und sah zu, wie die Kaulquappe eilig zu den anderen schwamm, die sich im Schilf versteckt hatten.

Moment mal, überlegte Connor, *wenn die Kaulquappen im Schwarm schwimmen, dann sind es gar keine Frösche, sondern Kröten!*

Connor liebte alles, was mit Wasser zu tun hatte. Seine Mutter war überzeugt, dass er einmal Meeresbiologe werden und die Pflanzen und Tiere der Ozeane erforschen würde.

„Irgendwann fahren wir in den Ferien ans Meer", hatte seine Mutter beim Frühstück gesagt. „Wäre das nicht toll?"

Connor berührte das Kompassabzeichen auf seinem Hemd.

Seine Mutter hatte keine Ahnung, dass er bereits viele Ozeane gesehen hatte ...

Nachdem er die letzten glitschigen Algenklumpen herausgefischt hatte, lehnte Connor seinen Kescher gegen den Holzzaun. Über den Weizenfeldern ums Haus flimmerte die Luft. Es war jetzt sehr heiß und Connor ging wieder hinein.

Am Spülbecken in der Küche wusch er sich die Hände. Als er sich einen Müsliriegel holen wollte, fiel sein Blick auf die Postkarte an der Tür zur Speisekammer. Sie war von einer Wissenschaftsmesse, bei der Connor den ersten Preis für die Aufzucht von Korallen in einem Aquarium gewonnen hatte. Er wollte gerade die Tür öffnen, da hielt er überrascht inne. Neben der Postkarte leuchtete ein Symbol auf.

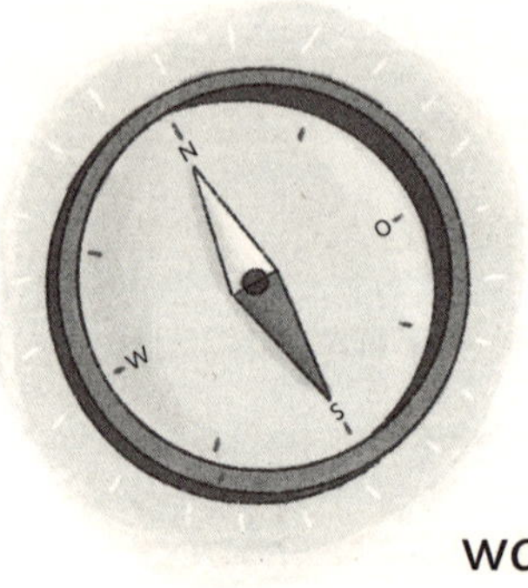

Es war ein Kreis mit einer Nadel in der Mitte, an dessen Rand die Buchstaben N, S, W und O zu erkennen waren.

Ein Kompass!

Er sah aus wie der auf Connors Hemd.

Er lächelte. Die Forscher-Kids hatten einen neuen Fall!

Mit pochendem Herzen betrat Connor die Speisekammer. Die Lebensmittelregale waren verschwunden, stattdessen blendete ihn grelles Licht und ein starker Wind wehte ihm so sehr ins Gesicht, als würde er sich rasend schnell vorwärtsbewegen.

Dann wurde das Licht schwächer und Connor stand in einem großen Raum. In einer schwarzen Wand flackerte eine Reihe Computerbildschirme. Wie in einem Museum gab es Glaskästen mit Dinosaurier-Fossilien, Meteoriten aus dem All oder Muscheln vom Meeresgrund. Auf den Boden des Raums war eine Weltkarte gemalt. Über ihm an der gewölbten Decke prangte die Milchstraße mit ihren Millionen Sternen. Connor war zurück in der geheimen Forscherzentrale!

„Connor hier!“, rief er.

Vor den Computern standen mehrere bequeme Sessel. Aus einem sprang ein Mädchen mit dunklen Haaren auf. Es hatte den gleichen Kompass auf seinem T-Shirt wie Connor.

„Hi Tamiko!“, sagte er. Dank der Magie der Forscherzentrale konnten sie einander verstehen, obwohl sie verschiedene Sprachen sprachen. Das Mädchen war Expertin für Dinosaurier und trug einen Haarreif mit einem coolen Stegosaurus dran.

„Hi“, begrüßte sie Connor. „Die anderen kommen auch gerade!“

Ein großes Mädchen in einer blauen Latzhose trat durch die leuchtende Tür. „Lea hier!“, rief sie gut gelaunt. Lea wusste alles über Pflanzen und Tiere.

Dann kam Kiki. Sie liebte Technik und Maschinen. Auf ihrer Hose waren ein paar Ölflecken. „Kiki hier!"

„Olli hier!", nuschelte ein blonder Junge mit einem Regenwald-T-Shirt. Verschlafen blinzelte er durch seine Brille.

Nacheinander trafen auch die restlichen Forscher-Kids ein: Roshni, die Astronautin werden wollte, Gustavo, der Experte für

Geschichte war, und Cheng, der alles über Steine und Vulkane wusste.

Jetzt sind wir vollzählig, dachte Connor ganz aufgeregt. *Gleich erfahren wir, was unsere Mission ist!*

Zusammen standen die acht Freunde um die große Weltkarte am Boden.

Ein heller Punkt leuchtete auf. Connor erkannte die Stelle sofort – das war der Südpazifik, östlich von Australien. Der Punkt weitete sich zu einem Bildschirm und eine Gruppe Wale mit langen Flossen und weißen Bäuchen war zu sehen.

„Buckelwale!“, rief Connor begeistert.

Wen würde die Zentrale für die Mission auswählen? Wer hatte die passenden Fähigkeiten und das notwendige Wissen?

An Connors Hemd leuchtete das Kompassabzeichen auf. „Ich bin dabei!“, rief er froh. Klar, er war der Meeresforscher der acht. Aber wer würde ihn begleiten?

Da leuchtete Roshnis Abzeichen ebenfalls auf.

„Cool!", sagte sie. „Aber mein Fachgebiet ist das Weltall. Was hat das mit Buckelwalen zu tun?"

„Wir werden es herausfinden", meinte Connor und klatschte Roshni ab. „Die Forscherzentrale irrt sich nie!"

Kiki drückte auf einen riesigen roten Knopf an einem der Computer und aus dem Boden tauchte ein Gefährt mit zwei Sitzen auf. „Die *Kolumbus* ist startklar", sagte Kiki. Die *Kolumbus*, die nach dem berühmten Seefahrer benannt war, sah aus wie ein schäbiges altes Gokart mit verbogenem Lenkrad.

Aber die Forscher-Kids wussten, dass sie sehr viel mehr war als das.

Bereit, Connor und Roshni bei ihrem Fall zu unterstützen, nahmen die anderen ihre Plätze an den Computern ein.

„Viel Glück!", wünschte Cheng.

„Ich bin gespannt, was ihr nachher zu erzählen habt", rief Tamiko.

„Und meldet euch, wenn ihr Hilfe braucht!", fügte Kiki noch hinzu.

Connor und Roshni winkten zum Abschied und kletterten in die *Kolumbus*. Connor übernahm das Steuer. „Bereit?", fragte er mit einem breiten Grinsen.

Roshni nickte. „Bereit."

Connor drückte auf den Startknopf und die *Kolumbus* wurde so heftig durchgerüttelt, dass die Schrauben sich fast lösten. Dann gab es einen Lichtblitz und einen kräftigen Ruck nach vorn. Connor und Roshni wurden in ihre Sitze gedrückt und rauschten mit einem Affenzahn durch einen Lichttunnel.

Gleichzeitig begann sich ihr Gefährt zu verändern. Das Lenkrad wurde eingezogen und ein Steuerknüppel tauchte auf. „Wahrscheinlich verwandelt sie sich in ein Schiff!" Die *Kolumbus* wackelte so stark, dass Connors Stimme zitterte. Inzwischen wölbte sich über ihnen eine Glaskuppel.

Es gab einen lauten Platsch und plötzlich war um sie herum blaues Meer, so weit das Auge reichte.

Verblüfft starrte Connor durch das Fenster zum Himmel. Tropische weiße Vögel mit langen Schwänzen kreisten über ihnen.

„Wir sind auf dem Pazifik!“, rief er.

Roshni zeigte auf das Periskop hinter ihnen – ein Fernrohr, das aus dem Dach der Führerkabine ragte.

„Das ist kein Schiff“, sagte sie. „Wir sitzen in einem U-Boot!“

Kapitel 2
DIE SUCHE BEGINNT

Ein Armaturenbrett mit Schaltern, Bildschirmen und Hebeln fuhr aus dem Boden nach oben, dann war die Verwandlung der *Kolumbus* abgeschlossen. Gemütlich dümpelten sie auf dem Wasser.

„Schau dir all die Schalter an!", rief Connor aufgeregt. „Wozu die wohl gut sind?"

Roshni grinste. „Probieren wir's aus."

Jedes Mal, wenn sich die *Kolumbus* in ein anderes Fahrzeug verwandelte, gab es neue Funktionen. Es machte großen Spaß, sie zu entdecken.

Connor deutete auf einen Bildschirm mit grünen Lichtern. „Das muss das Sonargerät sein“, sagte er. „Mithilfe von Schallwellen misst es Entfernungen unter Wasser.“

„Und das hier brauchen wir bestimmt zur Orientierung.“ Roshni starrte auf einen anderen Bildschirm. „Hier sind wir, und da ist der Meeresgrund, wie bei einem Auto-Navi.“

In den Schränken unter dem Armaturenbrett fanden sie Müsliriegel, Trinkwasser, zwei Neoprenanzüge, Tauchermasken und Sauerstoffflaschen.

„Wir können auf Tauchgang gehen!" Connor war begeistert. „Warte, bis du die Korallen aus der Nähe siehst. All die schönen Farben! Und die Fische schwimmen einem direkt vor der Nase herum."

„Sollten wir nicht zuerst die Wale suchen?", fragte Roshni.

„Du hast recht", stimmte Connor ihr zu.

Wegen der Wale waren sie schließlich hier. Sie wussten zwar noch nicht, wie genau sie den Tieren helfen konnten, aber die Forscherzentrale hatte sie nicht ohne Grund hierher geschickt.

Roshni drehte ihren Sitz zum Sonar. „Am besten, du fährst. Ich bediene die Geräte."

„Cool!" Connor nahm den Steuerknüppel in die eine und die Tiefensteuerung in die andere Hand. Die *Kolumbus* tauchte ab.

Unter Wasser war es sehr viel ruhiger. Über ihnen tanzten die Wellen wie ein silberner Teppich und die Lichtstrahlen, die zu ihnen herunterdrangen, wurden immer schwächer. Schon bald war nur noch das Brummen der Motoren zu hören.

„Siehst du etwas?"

Roshni starrte ins trübe Wasser. „Noch nicht."

Connor tauchte tiefer.

Roshni runzelte die Stirn. „Immer noch nichts."

„Merkwürdig", meinte Connor. „Hier unten ist nicht ein Lebewesen. Nicht einmal eine Krabbe."

Plötzlich wurde es dunkel in der Kabine. Etwas nahm ihnen das Licht.

„Schau mal!" Roshni zeigte nach oben. „Ist das die Wal-Schule?"

Über ihnen hing ein riesiger Schatten.

„Das könnte sie sein", sagte Connor. „Sehen wir nach."

Doch als sie näher kamen, erkannte er, dass über ihnen keine Wale schwammen, sondern eine große Wolke leuchtend roter Algen.

Unter dem Algenteppich, der sich in alle Richtungen ausbreitete, sah das Meer aus wie Tomatensuppe.

Als sie wieder auftauchten, rann rotes Wasser von den Scheiben.

„Da unten sieht es aus wie auf dem Mars", flüsterte Roshni entsetzt.

„Und es ist genauso lebensfeindlich", erklärte Connor. „Was wir hier sehen, ist eine Algenblüte." Er hatte schon viel darüber gelesen. Das Gift, das die Algen absonderten, war für das Leben im Meer sehr schädlich.

Aber dafür konnten die Algen nichts. Sie ernährten sich einfach von den Düngemitteln, die ins Meer gespült wurden. Dazu kam, dass der Klimawandel die Ozeane erwärmte. So breiteten sich die Algen rasend schnell aus. Schuld an dieser Katastrophe war einzig und allein der Mensch.

„Hier werden wir keine Wale finden." Connor seufzte. „Sie fressen kleine Krabben, sogenannten Krill. Dreimal darfst du raten, was die Algenblüte mit dem Krill macht."

„Ihn töten?"

Connor nickte. „Fahren wir weiter."

Er startete den Motor und fuhr eine Weile auf dem Wasser. Dann tauchte er einige

Meter unter die Oberfläche. Nun lag die ekelhafte rote Brühe hinter ihnen. Connor und Roshni atmeten auf.

Je weiter sie sich vom Algenteppich entfernten, desto klarer wurde das Wasser. Glitzernde kleine Fische flitzten an ihnen vorbei und neben ihnen schwebte eine Qualle mit Tentakeln wie Luftschlangen. Connor lächelte. Das gefiel ihm schon besser.

Er steuerte wieder Richtung Meeresgrund und Roshni schaltete die Scheinwerfer ein. Ihr stockte der Atem. Vor ihnen lag eine bezaubernde Unterwasserwelt: leuchtend bunte Algenwälder, Korallen und große Schwärme silbrig glänzender Fische.

Sie näherten sich einem runden Stein. Doch dieser bewegte sich plötzlich und wechselte die Farbe. Mit langen, gestreiften Tentakeln schnappte er sich eine Krabbe.

Roshni schrie vor Schreck, dann lachte sie. „Ein Tintenfisch!"

„Ein Karnevalstintenfisch", erklärte Connor. „Er ist wunderschön und ein Meister der Tarnung."

„Das habe ich bemerkt", sagte Roshni belustigt. Etwas weiter lauerte ein grauer Schatten auf Beute. Sein Kopf hatte die

Form eines T, an dessen Quer-Enden die Augen saßen.

„Ist das ein Hai?“, fragte Roshni. „Sieht aus wie ein Außerirdischer.“

Connor nickte. „Ein Hammerhai.“

Vorsichtig steuerte er die *Kolumbus* um Felsen und Riffe. Ein am Meeresboden versteckter Rochen wühlte eine gewaltige Sandwolke auf, aber von den Walen fehlte noch immer jede Spur.

„Vielleicht gibt es im U-Boot etwas, was uns helfen kann“, sagte Roshni und sah sich um. „Turbolader ...“, las sie auf einem Schild. „Greifarm ... Hey, wir haben sogar einen Geräusch-Scanner!“

„Versuch's", sagte Connor.

Roshni drückte auf den Schalter, und plötzlich war die Kabine erfüllt von den Geräuschen der Meerestiere. Krabben klickerten und klackerten, und ein Hammerhai schlug mit dem Schwanz.

Dann ertönte in der Ferne ein unheimliches, hallendes Geräusch. „Hörst du das?", fragte Connor. „Das sind sie."

Sie hielten den Atem an. Fast eine Minute lang war es still. Dann hörten sie es wieder, laut und deutlich.

Nichts auf der Welt klingt wie der Gesang eines Buckelwals, dachte Connor – diese hohen, klagenden Laute, als kämen sie von einem anderen Stern. Er hatte Gänsehaut.

Roshni war sprachlos.

Connor zeigte mit dem Finger geradeaus. „Es kommt aus dieser Richtung."

„Vielleicht finden wir sie mit dem Sonar!", schlug Roshni vor.

Sie drückte einen Knopf, und tatsächlich – auf dem Bildschirm war eine Schule Wale zu sehen. Sie schwammen gerade durch ein Unterwassertal.

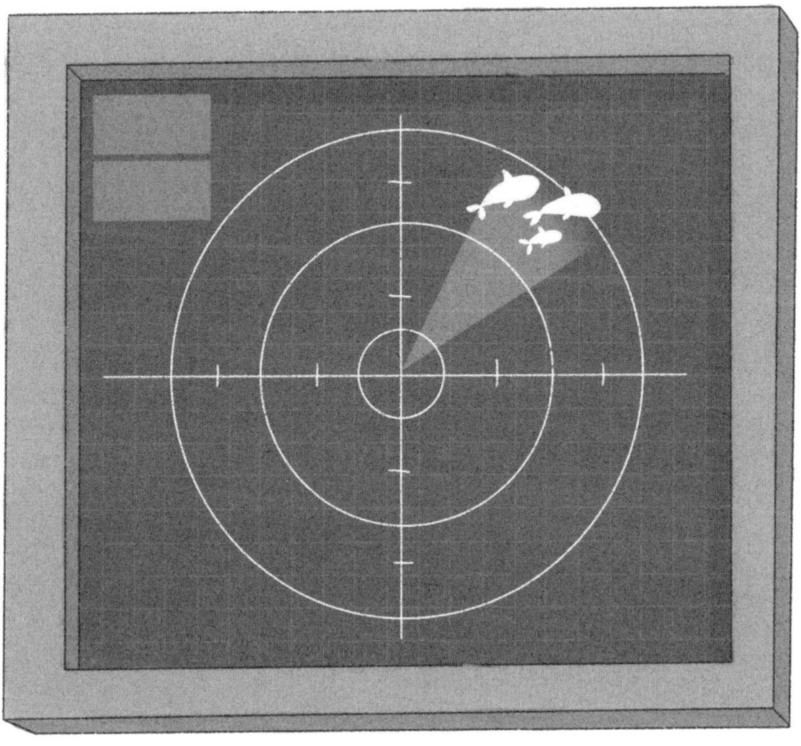

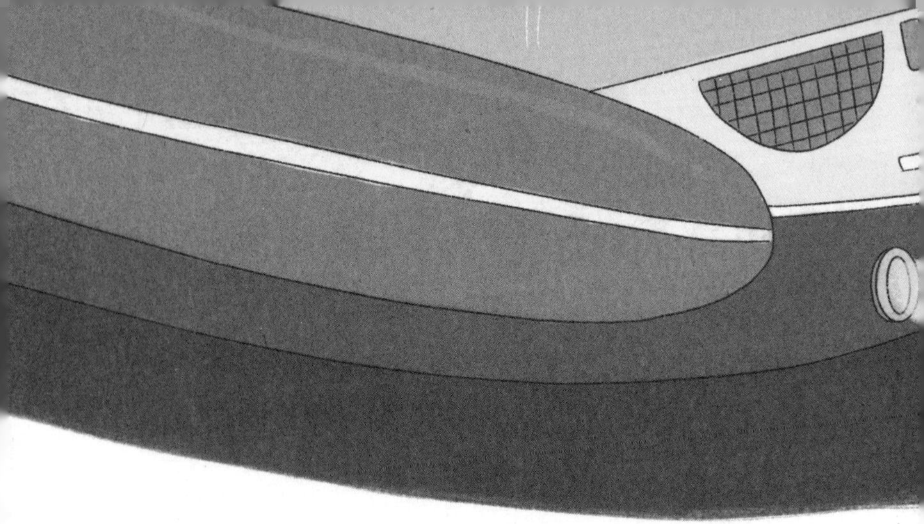

„Wir müssen ihnen folgen!“, rief Connor aufgeregt.

Roshnis Finger tanzten über die Tasten und Hebel. Mit einem lauten **PLING!** tauchte ein leuchtender grüner Pfeil auf, der in Richtung der Wale zeigte.

„Volle Fahrt voraus, Kapitän Connor!“, schrie sie.

„Aye, aye!“ Connor beschleunigte auf maximale Geschwindigkeit. Fest in ihre Sitze gedrückt schossen sie durchs Meer wie ein Torpedo.

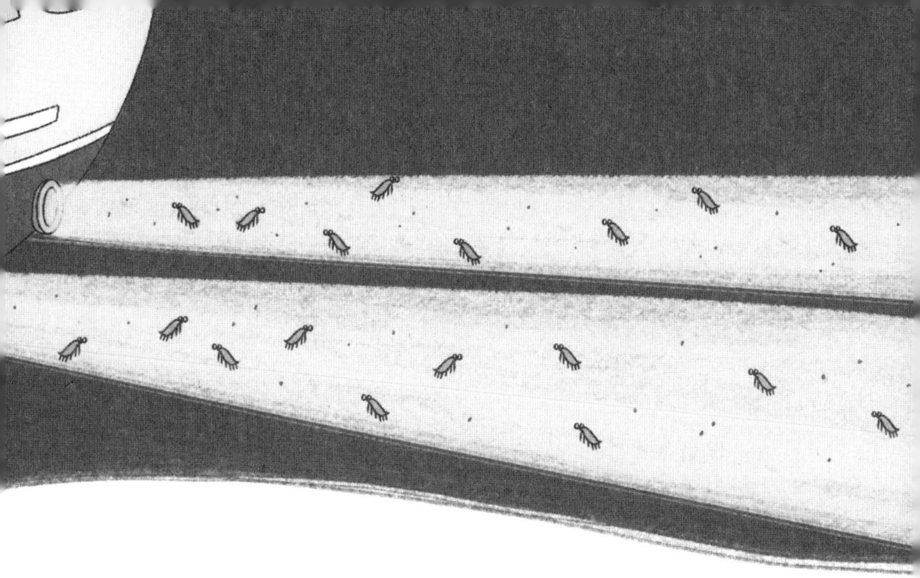

Kurze Zeit später hatten sie das Tal, das das Sonar gezeigt hatte, erreicht. Im Scheinwerferlicht der *Kolumbus* schwammen winzige Wesen mit vielen Beinchen.

Krill!

Connor drosselte die Motoren. Die Wale mussten ganz in der Nähe sein.

Jeden Moment konnten ...

„Da sind sie“, flüsterte er staunend.

Einer nach dem anderen tauchten die gewaltigen Buckelwale aus der trüben Finsternis auf.

Mit klopfendem Herzen sah Connor, wie sie sich mit ihren mächtigen Schwanzflossen durchs Wasser pflügten. Wie konnten so riesige Tiere so anmutig sein?

„Ich hoffe, die anderen Forscher-Kids sind zugeschaltet", sagte er. „Das ist wirklich das Beeindruckendste, was ich je gesehen habe!"

Kapitel 3

RAP FÜR DIE WALE

Nun, da sie die Buckelwale gefunden hatten, machte Connor sich Sorgen. Wobei brauchten sie Hilfe? Dass diese wundervollen Tiere in Gefahr sein sollten, gefiel ihm gar nicht.

„Können wir noch näher ran?", fragte Roshni. Auch sie war angespannt.

Connor nickte. „Aber nicht zu nah. Wir wollen sie nicht aufschrecken."

Er fuhr die Motoren fast ganz herunter. Lautlos glitten sie durchs Wasser. Je näher sie den Walen kamen, umso mehr Tiere tauchten vor ihnen im trüben Wasser auf. Connor konnte die Seepocken auf ihren Köpfen und ihre kleinen klugen Augen deutlich erkennen.

„Schau mal!", rief Roshni. „Sie haben Babys!"

Tatsächlich, zwischen den großen Walen schwammen auch kleine. Sie waren nur ein paar Meter lang und blieben nah bei einem erwachsenen Wal, wahrscheinlich der Mutter.

„Kälber", sagte Connor.

„Hä? Wo?"

„So nennt man junge Wale. Damit ist unsere Mission noch wichtiger geworden."

Roshni verstand. „Wir müssen die Babys beschützen. Aber warum sind sie in Gefahr? Raubfische?"

„Keine Ahnung", sagte Connor. „Ich weiß nur, dass diese Wale ihre Jungen im Pazifik zur Welt bringen, wo das Wasser wärmer ist. Das heißt, sie sind jetzt unterwegs nach Süden, in die Antarktis. Dort ist das Wasser kalt, aber voller Krill."

PIIIEEEP! Plötzlich fing die *Kolumbus* an laut zu piepen und auf der Konsole blinkten rote Lichter.

Connor und Roshni starrten sie an.

„Was ist los, *Kolumbus*?", fragte Connor. „Habe ich etwas falsch gemacht?"

PIIIEEEP!, machte die *Kolumbus* noch einmal.

„Warte." Roshni hob die Hand. „Du sagtest, die Wale schwimmen nach Süden. Aber sie schwimmen direkt auf die Sonne zu, die gleich untergeht! Das heißt ..."

BLUBB-BLUBB, ermutigte die *Kolumbus* sie weiterzusprechen.

„Die Wale schwimmen nach Westen, nicht nach Süden!", rief Roshni.

Connor saß kerzengerade in seinem Sitz. „Du hast recht. Sie schwimmen Richtung Australien, nicht in die Antarktis. Die Wale sind vom Kurs abgekommen!"

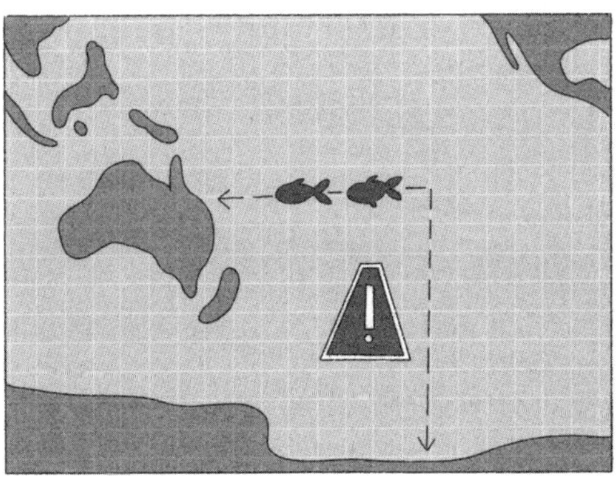

DING! Die *Kolumbus* bestätigte Connors Vermutung.

„Aber wie kann das sein?", fragte Roshni. „Sie nehmen doch jedes Jahr dieselbe Route."

Connor hatte eine Ahnung, was passiert sein könnte. „Die rote Algenblüte! Wahrscheinlich wollten die Wale nicht hindurchschwimmen und haben sich deshalb verirrt."

Connor und Roshni betrachteten die erhabenen Tiere, wie sie mit kräftigen Schwanzschlägen immer weiter in die falsche Richtung schwammen. Nun wussten sie, was ihre Mission war: Sie mussten die Buckelwale wieder auf Kurs bringen. Nur wie?

„Du bist hier der Experte, Connor", sagte Roshni. „Was können wir tun?"

Fieberhaft dachte Connor nach. Buckelwale waren riesige, starke Tiere mit einem

genauen Ziel. Es würde nicht leicht sein, sie zu einem Kurswechsel zu bewegen. Er versuchte, sich an andere Wal-Rettungsaktionen zu erinnern.

„Ich hab mal von einem Wal gelesen, der in einem Hafenbecken gefangen war", sagte er. „Er hatte die Orientierung verloren. Wale mögen keinen Lärm, deshalb haben die Leute auf Rohre und andere Dinge geschlagen, um das Tier in die richtige Richtung zu treiben."

„Können wir das auch machen?"

„Einen Versuch ist es wert!" Connor hatte eine Idee. „Weißt du noch, Kikis Karaoke-Party in der Zentrale?", fragte er grinsend.

Roshni verdrehte die Augen. „Wie könnte ich das vergessen."

Connor beugte sich über das Armaturenbrett. „Hey, *Kolumbus*. Kannst du die Lautsprecher und das Mikrofon einschalten?"

Eine Abdeckung glitt zur Seite und gab ein Mikro frei.

Connor öffnete den Ausrüstungsschrank. „Roshni, schnapp dir alles, mit dem du Krach machen kannst."

Kurz darauf waren sie mit einem Erste-Hilfe-Kasten aus Blech, Schraubenschlüsseln, einem Kupferrohr und einer Bratpfanne bewaffnet, um gleich den größten Radau aller Zeiten zu machen. Sie mussten die Wale nach Süden drängen, also steuerte

Connor die *Kolumbus* um die Schule herum nach Norden. Wenn die Buckelwale vor dem Lärm flohen, würden sie automatisch in die richtige Richtung schwimmen.

„Bereit?", fragte er. „Drei, zwei, eins ..."

BUMM! KRACH! KLONG! SKADOING!

Die ganze *Kolumbus* dröhnte, als Connor und Roshni ihre „Instrumente" gegeneinander schlugen. Sie machten so viel Lärm, wie sie konnten, und die Lautsprecher übertrugen den schrecklichen Krach hinaus ins Meer.

Einer der Wale zuckte mit der Flosse. Und das war's.

„Es reicht nicht", schrie Connor. „*Kolumbus, gib mir einen Beat!*"

Das U-Boot gab einen Rhythmus vor. Sofort fiel Roshni mit ein und machte Beatbox-Geräusche. Connor schnappte sich das Mikro und brüllte einen Rap, den er sich spontan ausdachte.

„*Die Zeit ist gekommen abzudrehen,*
dein Kurs, der ist fatal, Wal!

Schwing die Flossen und mach kehrt,
ich weiß, es ist 'ne Qual, Wal!

Du wirst dein Glück
nur im Süden finden,
der Westen ist piepegal,
Wal!
Dreh jetzt ab,
sonst dreh ich auf,
hör auf mein Signal,
Wal!"

Langsam, aber sicher, drehte die Wal-Schule ab.

„Es funktioniert!“, jubelte Connor.

„Kein Wunder.“ Roshni lachte. „Das war der schlechteste Rap, den ich je gehört habe. Fast hätte ich mich in ein anderes Universum geschämt!“

Sie folgten den Walen, um sicherzugehen, dass die Tiere auf dem sicheren Kurs blieben. Connor entspannte sich ein wenig. Den Walen würde nichts geschehen. Er konnte sich zurücklehnen und ihnen beim Schwimmen zusehen. Endlich hatte er Zeit, sie zu zählen – achtzehn ausgewachsene Tiere und drei Kälber.

„Einer schwimmt an die Oberfläche“, rief Roshni. „Ist das okay?“

„Ja. Wale sind keine Fische“, erklärte Connor. „Sie sind Säugetiere wie wir. Sie atmen Luft, kein Wasser. Daher tauchen sie alle paar Minuten auf."

„Und wie genau atmen sie?", wollte Roshni wissen.

„Durch Blaslöcher in ihrem Kopf. Sie funktionieren wie große Nasenlöcher, nur dass sie oben sitzen."

Roshni versuchte, so lange wie möglich die Luft anzuhalten. „Ich glaube, ich wäre

ein miserabler Wal", japste sie.

Connor kicherte. „Ein ausgewachsener Buckelwal kann bis zu *fünfundvierzig Minuten* die Luft anhalten. Kannst du dir das vorstellen?"

„Unglaublich", sagte Roshni. „Hör mal! Sie singen wieder."

Die geheimnisvollen Walgesänge hallten durchs Wasser. Eine Weile hörte Roshni ihnen fasziniert zu, dann drückte sie mehrere Knöpfe am Armaturenbrett.

„Was tust du?", wollte Connor wissen.

„Ich nehme den Walgesang auf", entgegnete Roshni. „Das ist so schön, dass ich es mir auch an Land anhören möchte."

„Okay." Connor lachte. „Ich gebe zu, sie singen besser als ich."

Roshni sah von ihrem Aufnahmegerät zum Sonar. „Sieh mal. Wir empfangen jede Menge Signale. Meinst du, da ist noch eine Walschule?"

Connor runzelte die Stirn. „Dann würden wir sie auf dem Scanner sehen. Die Signale müssen von oben kommen. Lass uns auftauchen und nachsehen."

Er steuerte die *Kolumbus* zur Oberfläche. Dort angekommen stellte er überrascht fest, dass sie kurz vor Australien waren. Am Horizont konnte er bereits Land sehen – und auch, woher die Signale kamen ...

Schiffe!

Es waren Dutzende, die mit Segeln oder Motoren vor der Küste kreuzten.

„Die Wale werden auftauchen, um Luft zu holen, habe ich recht?", fragte Roshni bang. „Was, wenn sie direkt unter einem Schiff hochkommen?"

„Das wäre schlecht", sagte Connor ernst. „Wir müssen die Schule sicher an den Schiffen vorbeilotsen. Unsere Mission ist noch nicht zu Ende, Roshni."

Kapitel 4

SCHIFFE AHOI!

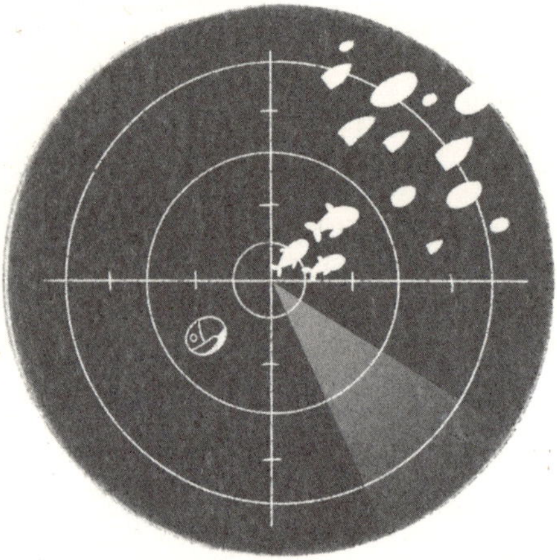

Wieder tauchten sie ab. Das Sonar zeigte jetzt noch mehr Punkte. Viel mehr, als Connor und Roshni zählen konnten – alles Schiffe, die den Weg der Wale kreuzten.

Roshni war sehr besorgt. „Es sind so viele! Ist das ein Rennen oder so?"

„Nur der übliche Schiffsverkehr", meinte Connor. „Die Leute fahren zum Fischen raus oder um Spaß zu haben. Sie ahnen sicher nicht, dass gleich Wale direkt unter ihnen durchschwimmen."

„Wir müssen sie sofort warnen", sagte Roshni. „Ich versuche, Kontakt aufzunehmen."

Sie schaltete die Funkanlage ein, doch ihr U-Boot schaltete sie mit einem warnenden Brummton sofort wieder aus.

„*Kolumbus* scheint nicht einverstanden zu sein", sagte Connor überrascht. „Aber warum nicht?"

Roshni schnippte mit den Fingern. „Natürlich! Wir sind die Forscher-Kids – unsere Missionen sind geheim. Wenn wir die Schiffe über Funk anrufen, wollen sie wissen, wer wir sind und was wir hier tun."

„Es muss eine andere Möglichkeit geben", überlegte Connor. „Kannst du das Boot dort näher heranzoomen, *Kolumbus?*"

Ganz in ihrer Nähe schaukelte eine Jacht auf dem Wasser. Auf dem Bildschirm waren weiße Segel und ein schmaler Rumpf zu sehen. Man konnte sogar den Namen des Schiffs lesen: *Bermuda*.

An Deck saß ein Junge in ihrem Alter. Er trug eine Badehose und starrte aufs Wasser. Hatte er die *Kolumbus* entdeckt? Nein – er beobachtete einen Schwarm fliegender Fische! In hohen Bögen sprangen sie aus dem Wasser. Ihre silbernen Körper glitzerten im warmen Licht der Sonne.

Connor freute sich, dass da noch jemand war, der sich wie er für das Leben im Meer interessierte. „Vielleicht kann uns der Junge helfen“, sagte er.

Connor brachte die *Kolumbus* knapp unter die Oberfläche. Die beiden Kinder streiften sich die Neoprenanzüge über und legten Masken, Sauerstoffflaschen und Taucherflossen an.

Dann öffneten sie eine Luke im Boden. Connor ließ sich zuerst ins Wasser gleiten. Roshni folgte ihm. Nachdem sie ein Stück geschwommen waren, entdeckten sie den hellen Rumpf der *Bermuda*.

Connor tauchte direkt neben der Jacht auf. Der Junge, der noch immer aufs Meer schaute, schrie erschrocken auf.

Connor winkte. „Hi! Können wir an Bord kommen?"

Der Junge lächelte erleichtert. „Ihr habt mir einen ziemlichen Schreck eingejagt. Okay, kommt hoch." Er streckte die Hand aus und zog Roshni und Connor an Bord.

„Ich bin Jack“, stellte er sich vor. „Meine Eltern und ich wollten Wale beobachten, aber heute scheinen wir kein Glück zu haben.“

„Wegen der Wale sind wir hier!“, sagte Connor. „Eine Schule Buckelwale schwimmt direkt hierher, aber die vielen Schnellboote könnten ihnen gefährlich werden.“

„Echt?“ Jack riss entsetzt die Augen auf.

„Wir müssen dafür sorgen, dass die Schiffe dem Kurs der Wale ausweichen“, sagte Connor. „Kannst du ihnen ein Zeichen geben?“

„Bin schon unterwegs“, rief Jack eilig. „Ich sag meinen Eltern, sie sollen der Küstenwache Bescheid geben. Wenn ihr das Horn hört, hat es geklappt!“ Er rannte zur Kajüte. „Mum? Dad? Ein Notfall!“

Roshni lehnte sich zu Connor. „Wir verschwinden besser“, flüsterte sie.

Connor nickte und rief dem Jungen hinterher: „Tausend Dank, Jack! Viel Glück!“

Bevor Jacks Eltern sie sahen, ließen Connor und Roshni sich rückwärts ins Wasser fallen und schwammen, so schnell sie konnten, zurück zur *Kolumbus*. Sie kletterten durch die Luke, zogen ihre Neoprenanzüge aus und stürzten zu den Armaturen.

Connor überprüfte das Sonar. Ihm blieb fast das Herz stehen. Die Wale waren direkt unter den Schiffen! Wenn jetzt einer auftauchte, würde es eine Katastrophe geben.

„Komm schon, Jack“, murmelte er. „Lass uns nicht im Stich ...“

Ein lautes Hupen hallte übers Wasser.

„Das Signal!“, rief Roshni.

Connor sah durchs Periskop. „Die Schiffe drehen ab Richtung Küste!“

Roshni klatschte in die Hände. „Jack hat’s geschafft!“

Die Schiffe machten den Walen tatsächlich den Weg frei. Jack stand an Bord der *Bermuda* und sah aufs Meer. Plötzlich durchstieß ein Buckelwal das Wasser und blies eine Fontäne aus seinen Löchern.

Jack und die Leute auf den anderen Schiffen jubelten. Ein zweiter Wal tauchte

auf. Und dann noch einer. Connor lächelte. Die Tiere waren in Sicherheit.

„Fahren wir hinterher", beschloss er. „Ich will sehen, ob es allen gut geht."

Doch als sie sich den Walen näherten, erschraken die Kinder: Die Wale waren schon wieder vom Kurs abgekommen. Anstatt nach Süden schwammen sie jetzt nach Osten!

„Die Schiffe müssen sie so sehr verwirrt haben, dass sie noch einmal kehrtgemacht haben", stöhnte Connor. „Wir sind keinen Schritt weiter!"

„Und das ist noch nicht das Schlimmste." Roshni sah ihn bestürzt an.

„Was? Wieso?", fragte Connor.

„Wie viele Kälber waren es vorhin?"

„Drei", sagte Connor.

Vor ihnen schwammen alle achtzehn erwachsenen Wale, aber nur zwei Kälber.

„Sie haben ein Kalb verloren!", rief Connor entsetzt. „Und wenn die Mütter alle da sind …"

„… ist das Kalb mutterseelenallein", beendete Roshni den Satz. „Wir müssen es finden, Connor!"

Kapitel 5

TIEFE GEWÄSSER

Die Wale zogen bereits weiter. Connor wünschte, er könnte sie warnen. *Kommt zurück! Ihr habt ein Kalb verloren!*

„Wir müssen umdrehen“, sagte er. „Vielleicht schwimmt das Kalb der Schule hinterher.“

Er steuerte die *Kolumbus* denselben Weg zurück, den sie gekommen waren. Roshni behielt das Sonar im Auge, um nach dem Kalb Ausschau zu halten. Damit sie auch das Periskop benutzen konnten, fuhren sie direkt unter der Wasseroberfläche. Sollte das Kalb auftauchen, um Luft zu holen, würden sie es sehen.

„Armer kleiner Wal", murmelte Roshni. „Hab keine Angst, wir finden dich."

„Genau", sagte Connor. „Es ist zwar noch ein Kalb, aber immerhin sechs Meter lang!"

Roshni beugte sich über das Sonar. Connor starrte aus dem Fenster. Fische schwammen vorbei und Seetangfetzen, aber kein Buckelwal-Kalb. Die Sonne ging bereits unter und auch im Meer wurde es langsam dunkel, was die Suche noch erschwerte. Bald würden sie ohne Scheinwerfer gar nichts mehr sehen.

Plötzlich kippte die *Kolumbus* zur Seite und ein grässliches Geräusch von schrammendem Metall erfüllte die Kabine. Gefolgt von einem lauten Knacksen. Irgendetwas sank mit einem Schweif Luftblasen am Fenster vorbei nach unten. Ihr U-Boot begann panisch zu piepen.

„Was war das?" Roshni sah erschrocken auf.

„Wir haben etwas gerammt." Connor schlug sich mit der Hand gegen die Stirn und schnappte sich den Steuerknüppel.

„Ich habe aus dem Fenster gesehen und du ins Sonar – keiner hat gesteuert! Tut mir leid, *Kolumbus*." Rasch tauchte Connor ab. Bloß weg von der Oberfläche!

Die *Kolumbus* winselte wie ein verletzter Hund.

Connor sah nach oben zu dem Rumpf des Schiffs, das sie gerammt hatten. Zum Glück hatte er kein Loch. Gar nicht auszudenken, was da hätte passieren können. Connor fühlte sich schrecklich. Fast hätten sie das Schiff versenkt und das Kalb wahrscheinlich nie wieder gefunden ...

„Das ist gerade noch mal gut gegangen", schnaufte er. „Trotz des heftigen Schlags ist nichts kaputt, oder?"

Beklommen zeigte Roshni auf das Sonargerät. Der Bildschirm war schwarz.

Schnell kontrollierte Connor die restlichen Instrumente. Eine ganze Reihe anderer Anzeigen war ebenfalls schwarz.

„Wir haben kein Navigationssystem mehr", sagte er. „Aber warum?"

„Erinnerst du dich an das Knacksen? Und das Ding, das vor unseren Augen gesunken ist? Ich fürchte, das war unser Navigationsmodul. Es muss abgebrochen sein, als wir gegen das Schiff gestoßen sind."

Connor wurde eiskalt. Ohne das Navigationsmodul funktionierten weder das Sonar noch das Navi. Aber genau die brauchten sie, um das Kalb zu finden. Und selbst wenn sie das Kalb auch so finden würden, wie sollten sie je die Schule wiederfinden?

„Wir müssen es holen!", sagte er. Connor richtete die Schnauze der *Kolumbus* nach unten und gab Vollgas. Das Wasser um sie herum geriet in Bewegung und sie schossen in die Tiefe.

Der Steuerknüppel in Connors Händen wackelte, aber er hielt ihn eisern fest. *Keine Zusammenstöße mehr*, schwor er sich.

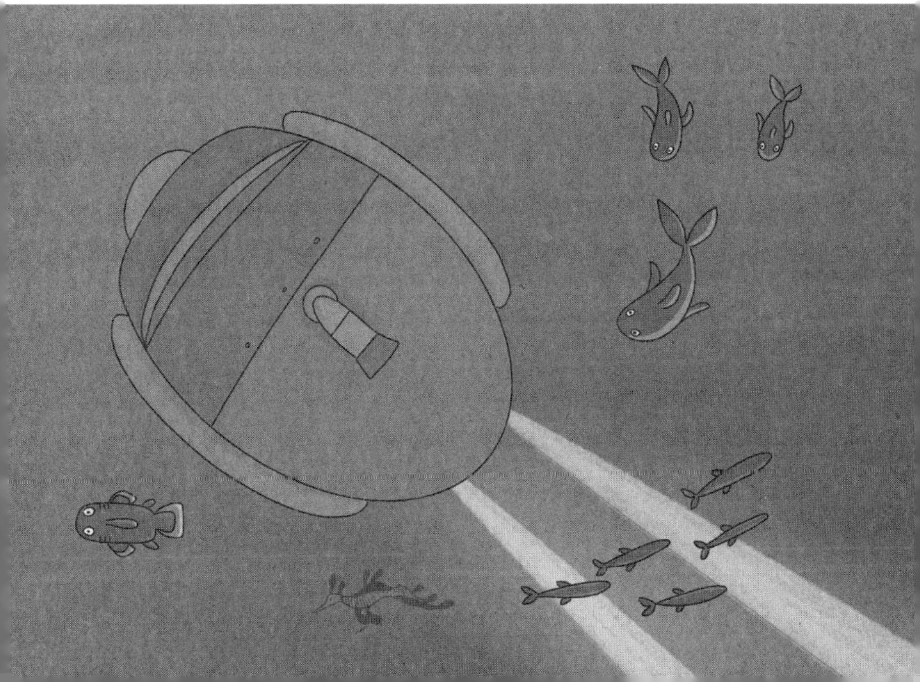

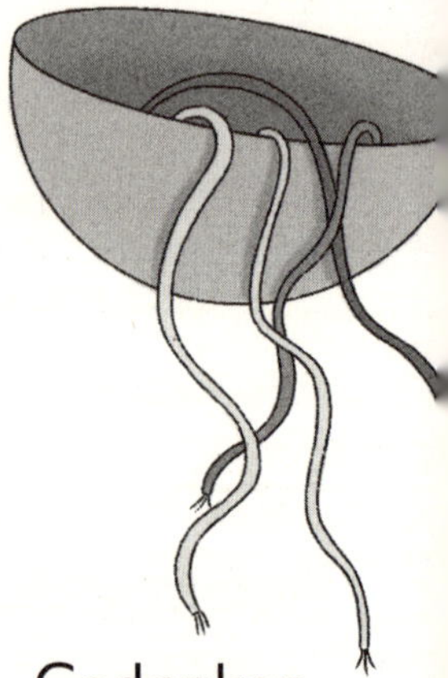

„Ich sehe es!", rief Roshni.

Tatsächlich, direkt vor ihnen taumelte das abgebrochene Navigationsmodul Richtung Meeresgrund. Es sah aus wie ein halber Fußball, aus dem Kabel heraushingen. Bei dem Gedanken, dass sie es wieder an der *Kolumbus* befestigen mussten, wurde Connor ganz mulmig. Hoffentlich konnten sie es reparieren.

Plötzlich wurde das Modul von der Dunkelheit verschluckt. Auch um ihr U-Boot wurde es stockfinster.

PIIIIIEEEEP! Die *Kolumbus* gab einen schrillen Warnton von sich. Je tiefer sie tauchten, umso höher wurde der Wasserdruck. Er ballte sich um die *Kolumbus* wie eine Faust und es wurde immer kälter.

Connor zitterte.

Als der Tiefenmesser anzeigte, dass sie den Meeresgrund fast erreicht hatten, stoppte Connor das U-Boot und sah sich um.

„Sollten wir nicht die Scheinwerfer einschalten?“, fragte Roshni. Beide zitterten jetzt vor Kälte.

„Noch nicht“, entgegnete Connor. „Schau mal!“

In der Finsternis tauchten merkwürdige Lichter auf. Roshni blieb der Mund offen stehen. „Was ist das?“

„Das dort drüben ist eine Alarmqualle.“ Connor zeigte auf ein flimmerndes blaues Licht. „Sobald sie angegriffen wird, fängt sie an zu blinken. Und da ist ein Anglerfisch. Sein Licht lockt kleine Fische an, die er dann frisst.“

„So etwas habe ich noch nie gesehen.“ Roshni war fasziniert.

Connor schaltete die Scheinwerfer ein. Hinter dem hübschen Licht des Anglerfischs klaffte ein grässliches Gesicht mit einem Maul voller spitzer Zähne! Roshni schauderte.

„Man nennt das Biolumineszenz“, erklärte

Connor. „Das Licht wird durch eine chemische Reaktion im Körper erzeugt."

„Wow!" Roshni bemerkte etwas, das über ihnen im Wasser trieb. „Und was ist das?"

Connor war sich nicht sicher, um was für ein Tier es sich bei dem blassen Ding handelte. „Vielleicht eine Art Qualle", vermutete er. „Es schwimmt auf uns zu."

Roshni machte ein langes Gesicht. „Oje. Ich befürchte, es ist ein Exemplar der Gattung *Tütus plastikus*."

Connor verzog angewidert das Gesicht. „Du hast recht." Das geheimnisvolle Wesen war eine Plastiktüte aus dem Supermarkt. Wie schrecklich, zwischen all den faszinierenden Geschöpfen Plastikmüll zu sehen, der die Ozeane verschmutzte.

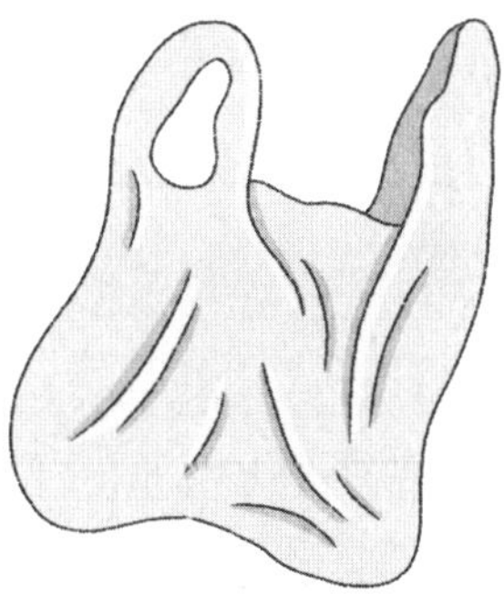

„Ich gehe raus und hole die Tüte“, sagte Roshni.

Sie war schon auf dem Weg zu ihrem Neoprenanzug, als Connor sie stoppte. „Nein!“

„Was ist?“

Connor zeigte auf die Druckanzeige. „Du kannst da nicht raus. In dieser Tiefe würde das Wasser dich zerquetschen.“

Aber sie konnten das Plastik auch nicht einfach im Meer lassen. Sie sahen sich in der Kabine um.

„Na klar!“, rief Connor. „Der Greifarm! Damit wird es gehen!“

Er fand den richtigen Schalter und ein langer Roboterarm glitt aus dem Bauch der *Kolumbus*. Connor bewegte ihn vor und zurück und testete die Steuerung.

„Klappt's?", fragte Roshni.

„Ist einfacher zu bedienen als die Greifautomaten auf dem Rummelplatz", lächelte Connor verschmitzt. Als die Plastiktüte an ihnen vorbeitrieb, schnappte er sie. Die *Kolumbus* öffnete eine Luke an der Außenwand und Connor zog die Tüte an Bord.

„Forschungs-U-Boote haben auch solche Greifarme", erklärte er. „Sie nehmen damit Proben vom Meeresgrund oder bergen Gegenstände aus gesunkenen Schiffen."

„Und wir können damit unser Navigationsmodul zurückholen!“, rief Roshni.

„Großartige Idee!“, rief Connor. „Aber ... wo ist es?“

Sie waren so gebannt gewesen von den leuchtenden Tiefseebewohnern, dass sie das Modul aus den Augen verloren hatten.

Connor bekam Bauchschmerzen. Wenn sie das Modul nicht wiederfanden, verschmutzte es das Wasser, genau wie die Plastiktüte. Und auch das Wal-Kalb wäre für immer verloren. „Wir müssen das Navi einfach finden“, beschwor er zugleich sich und Roshni.

Kapitel 6

UNTER DRUCK

Connor richtete die Scheinwerfer auf den Meeresgrund und ließ die *Kolumbus* über der Stelle kreisen, an der sie das Modul verloren hatten. Das war die beste Chance, es wiederzufinden.

„Kannst du es sehen?“, fragte er Roshni, während seine Stirn beinahe die Glasscheibe berührte.

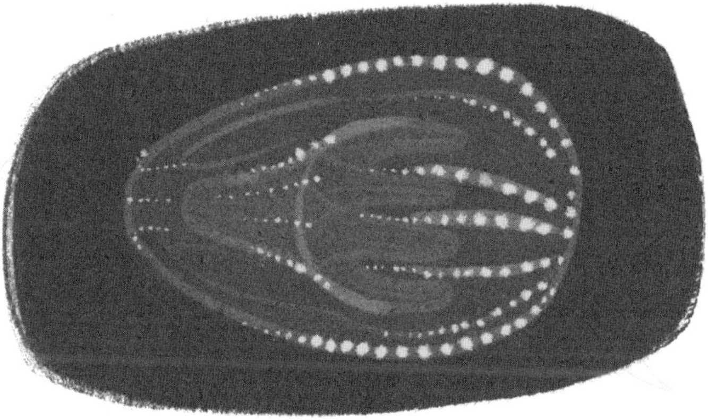

„Nein, noch nicht", entgegnete sie und biss sich auf die Unterlippe.

„Verdammter Mist", knurrte Connor. „Wo ist das Ding nur?"

In dem Moment begann über ihnen etwas regenbogenfarben zu schimmern.

Roshni schnappte nach Luft. „Was ist das?"

Connor erkannte es sofort. „Dieses Mal ist es wirklich eine Qualle. Eine Rippenqualle. Sie gehört auch zu den biolumineszenten Arten."

„Sie ist wunderhübsch!", sagte Roshni. „Als wäre sie mit winzigen Sternen übersät."

Die ungefähr einen halben Meter lange Qualle, in deren durchsichtigem Körper helle Lichter funkelten, trieb über ihren Köpfen.

„Warum leuchtet sie?“, wollte Roshni wissen.

„Das weiß man nicht so genau“, erklärte Connor. „Manche Forscher glauben, Rippenquallen kommunizieren so mit anderen Lebewesen oder locken Beute an. Oder sie schlagen mit dem Licht Feinde in die Flucht.“

„Hier unten sind kaum andere Tiere“, überlegte Roshni laut. „Aber vielleicht …“ Sie griff nach dem Hebel für die Scheinwerfer und

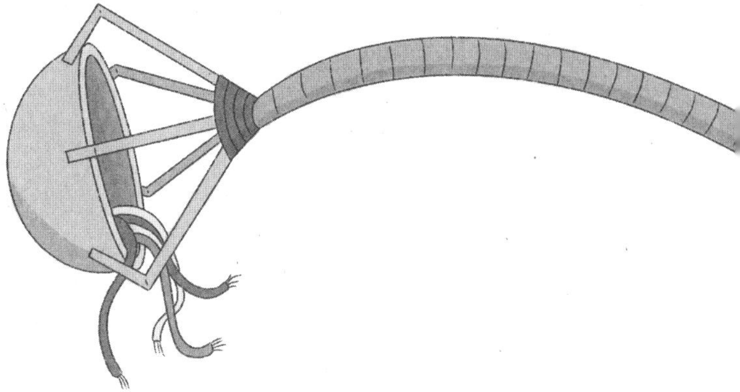

lenkte die Lichtstrahlen in die Richtung, aus der die Qualle gekommen war.

Und dort, zwischen zwei Felsen, lag das Navigationsmodul!

„... vielleicht dachte die Qualle, das Modul sei ein anderes Lebewesen!", beendete Connor den Satz.

„Danke für deine Hilfe!", rief Roshni der davonschwimmenden Qualle hinterher.

Connor fuhr den Greifarm aus, schnappte sich das Modul und verstaute es sicher an Bord. **PUUU!** Die *Kolumbus* gab ein Geräusch von sich, das wie ein Aufatmen klang.

Auch Connor war erleichtert. Jetzt konnten sie sich wieder ihrem Fall widmen.

Hoffentlich war es für das Kalb noch nicht zu spät.

Zurück an der Oberfläche legte er rasch die Tauchausrüstung an. Dann ließ er sich durch die Luke ins Meer hinab und kletterte von außen aufs Dach. Währenddessen setzte Roshni das Modul mit dem Greifarm wieder an seinen Platz. Connor versuchte, die abgerissenen Kabel und Drähte wieder zu verbinden, aber Maschinen waren nicht sein Fachgebiet. Es funkte und blitzte, und die *Kolumbus* piepte unglücklich.

Connor kletterte zurück in die Kabine. „Allein schaffen wir das nicht", erklärte er Roshni. „Am besten nehmen wir Kontakt zu den anderen auf."

Roshni setzte sich an einen der Bildschirme. „*Kolumbus* an Forscherzentrale! Wir brauchen Hilfe!"

Sofort winkten ihnen die anderen Forscher-Kids in der Zentrale entgegen.

„Wir haben eure Mission verfolgt!", rief Lea.

„Ja", sagte Cheng. „Ihr macht das großartig!"

„Glaubt ihr, ihr könnt den kleinen Wal retten?“, fragte Tamiko besorgt.

„Ich denke schon“, beruhigte Connor sie. „Aber dafür müssen wir die *Kolumbus* reparieren. Und zwar schnell. Kiki, du bist unsere Technikerin. Kannst du uns Anweisungen geben?“

„Zeigt mir mal den Schaden“, sagte Kiki.

Connor hielt das kaputte Modul in den Bildschirm.

Kiki sog die Luft ein. „Autsch! Das habt ihr beiden ja gut hingekriegt. Das könnte ich nur hier mit meinem Spezialwerkzeug reparieren. Tut mir leid, Leute.“

„Trotzdem danke, Kiki.“ Connor versuchte, sich die Enttäuschung nicht anmerken zu lassen. „Wir überlegen uns etwas anderes.“

„Viel Glück!“, rief Gustavo. „Wir halten hier so lange die Stellung!“

Connor und Roshni schalteten den Bildschirm aus und sahen sich zerknirscht an.

„Was machen wir jetzt?", fragte Roshni.

Connor legte den Kopf in seine Hände und dachte scharf nach. Das verirrte Kalb war nirgendwo zu sehen. Der Rest der Buckelwale auch nicht, und im Westen war die Sonne schon fast hinter dem Horizont verschwunden. Ohne Sonne oder Navigationsmodul wussten sie nicht, in welcher Richtung Süden lag, und konnten die Buckelwale nicht auf den richtigen Kurs bringen.

Vielleicht hilft es, wenn ich wie ein Wal denke, überlegte Connor. *Wie orientiert sich ein Wal unter Wasser? Mit Sonar, aber ohne elektrische Geräte. Er produziert Schallwellen, die von Gegenständen zurückprallen. Delfine tun das auch. Und auch Fledermäuse orientieren sich auf diese Weise am Nachthimmel.*

Vielleicht waren Schallwellen die Lösung …

„Wir könnten das Kalb vielleicht mithilfe von Geräuschen finden", sagte er.

„Ich weiß nicht", sagte Roshni skeptisch. „Dein grässliches Rappen vertreibt das Kalb doch eher."

Connor seufzte. „Stimmt schon. Wenn ich nur singen könnte wie ein Wal ..."

Er verstummte. War das die rettende Idee?

„Dass ich da nicht gleich dran gedacht habe! Ich *kann* singen wie ein Wal!", rief er begeistert und umarmte Roshni. „Du bist ein Genie!"

Roshni sah ihn verwirrt an. „Ich? Danke! Aber wieso?"

Mit stürmisch pochendem Herzen suchte Connor nach der Tonaufnahme, die Roshni vorher gemacht hatte. „Du hast doch den Walgesang aufgenommen.

Erinnerst du dich? Den spielen wir über die Lautsprecher ab!“

Roshni strahlte. „Und der lockt dann das Kalb an?“

„Ich hoffe es“, sagte Connor. „Es ist unsere letzte Chance.“

Kapitel 7
WALGESANG

Connor drückte auf PLAY und Roshni schaltete das Mikro und den Außenbord-Lautsprecher an. Während sie nach unten glitten, erfüllte Walgesang ihre Kabine und schallte hinaus in die dunkle Einsamkeit der Tiefsee.

Gespannt schauten sie sich um. Connor sah etwas auf sie zu schwimmen, das ungefähr die Größe eines Buckelwalkalbs hatte.

Er wurde ganz hibbelig, doch das Wesen drehte plötzlich ab und er erkannte die lange, stachelförmige Nase. Ein Schwertfisch! Zu einem anderen Zeitpunkt hätte ihn diese Begegnung total begeistert.

Der Walgesang verstummte. Schnell drückte Connor noch einmal auf PLAY und es ging wieder von vorn los.

Nervös kaute er auf seiner Unterlippe und spähte in die Dunkelheit. Aber außer aufgewirbelten Sedimenten und winzigen Fischen war dort nichts. Wieder endete der Walgesang. Er startete ein drittes Mal und ballte die Hände zu Fäusten.

Da tauchte wie aus dem Nichts ein Schatten auf. Ein etwa sechs Meter langer Buckelwal schwamm neugierig auf sie zu ...

„Das Kalb!", wollte Connor schreien. Doch gerade noch rechtzeitig fiel ihm ein, dass das Mikrofon eingeschaltet war. Er tippte Roshni auf die Schulter und legte den Finger auf die Lippen.

Ihre Augen weiteten sich, als sie das Kalb entdeckte.

Was das Waljunge wohl von dem merkwürdigen Ding hielt, das zwar wie ein Wal klang, aber überall blinkte und leuchtete?

Das Kalb schwamm um die *Kolumbus* herum, und als Roshni die Hand an die Scheibe legte, lehnte es sich dagegen. „Das ist, als würde man es berühren“, flüsterte sie.

Wie gebannt beobachtete auch Connor das Kalb. Es drehte sich zu ihm und sah ihm für einen Moment direkt in die Augen. Connor zitterte. Noch nie war er einem so erstaunlichen Geschöpf so nah gewesen.

Das Kalb schien keine Angst vor ihm zu haben. Dann drehte es sich plötzlich und ohne Vorwarnung einmal um die eigene Achse.

„Was tut es da?“, fragte Roshni.

Das Kalb schlug mit dem Schwanz und machte noch eine Rolle. Als Nächstes gab es lustige Klicklaute von sich.

Connor erkannte sie sofort und lachte. „Das ist Walsprache! Es will mit uns spielen! Es weiß, dass die *Kolumbus* ihm nichts tun will.“

Die *Kolumbus* schickte ein fröhliches Quietschen über die Lautsprecher und das Kalb antwortete mit mehreren Klicklauten.

Plötzlich war ganz in der Nähe Walgesang zu hören.

„Ist das die Mutter, die nach ihrem Jungen ruft?", fragte Roshni.

„Das ist nicht nur ein Wal, der da ruft", sagte Connor. „Schau dir das an!"

Sie waren umringt von Buckelwalen!

Die ganze Schule war dem Rufen der *Kolumbus* gefolgt und begrüßte nun im Chor das verlorene Kalb. Inmitten dieser gigantischen Wesen wirkte das U-Boot winzig klein.

Roshni nahm Connor in den Arm und drückte ihn. „Ich freu mich so, dass du das miterlebst. Ich weiß, wie sehr du die Ozeane liebst."

Connor lächelte und drückte sie ebenfalls. „Schau nur. Sie haben keine Angst vor uns. Vielleicht verstehen sie, was wir getan haben."

Eine Weile sahen sie den Walen beim Schwimmen zu und lauschten ihrem unverwechselbaren Gesang.

„Sieh nur, Connor!" Roshni zeigte nach draußen.

Das Kalb und die Mutter hatten sich wiedergefunden. Sie schwammen dicht nebeneinander und obwohl Buckelwale nicht lächeln können, in diesem Moment hätten sie es bestimmt getan. Da war sich Connor

sicher. Die beiden waren heilfroh, wieder zusammen zu sein.

Roshni und Connor klatschten sich ab.

„Jetzt müssen wir die Schule nur noch auf Kurs bringen", sagte Connor.

Roshni nickte. „Richtung Süden."

„Nur wie? Die Sonne ist untergegangen und das Navigationsmodul kaputt." Connor sah hinaus. Hoffentlich mussten sie die Wale am Ende nicht doch noch im Stich lassen.

Roshni überlegte laut. „Vielleicht ist es gar nicht schlimm, dass die Sonne weg ist. Erinnerst du dich an die Rippenqualle?"

„Klar, du hast gesagt, sie wäre wie mit Sternen übersät."

„Genau. Die Sonne ist zwar weg, aber die Sterne am Nachthimmel können wir sehen. Wenn man die richtigen Konstellationen kennt, kann man auch nach den Sternen navigieren!" Roshni strahlte.

„Stimmt!", rief Connor.

„Weißt du, Seeleute orientieren sich schon seit Tausenden von Jahren an den Sternen", fügte Roshni hinzu. Jetzt wusste sie endlich, warum die Forscherzentrale sie für diese Mission

ausgesucht hatte. Und sie wusste auch, was zu tun war.

„Aber bist du nicht Weltraum-Expertin? Du wolltest doch Astronautin werden, nicht Kapitänin", zog Connor sie auf.

„Und woher, glaubst du, kommt das Wort Astronaut?", fragte Roshni grinsend. „*Astron* bedeutet Stern und *Nautilus* bedeutet Seefahrer. Astronauten sind Sternen-Seefahrer!"

Connor steuerte die *Kolumbus* an die Oberfläche. Der Nachthimmel war ein Meer aus funkelnden Sternen. Roshni sah suchend nach oben.

„Dort!", rief sie und zeigte auf eine Gruppe von vier Sternen. „Siehst du es, Connor? Das Kreuz des Südens!"

„Ja." Die Sterne waren so hell, dass man sie kaum übersehen konnte. Sie funkelten wie Juwelen auf einem schwarzen Stück Stoff.

„Also …" Roshni runzelte nachdenklich die Stirn. „Man zieht eine eingebildete Linie vom obersten zum untersten Stern und verlängert sie um das 4,5-Fache."

„Hab ich", sagte Connor, der die Linie genau vor sich sah.

„Nun gehst du vom Endpunkt der Linie senkrecht nach unten. Dort, wo du auf den Horizont triffst, ist der Südpol."

Connor konnte es kaum glauben. „So einfach ist das?“

Roshni lachte. „Wenn man weiß, wie es geht, ja!“

Connor schaltete den Walgesang wieder ein, während Roshni die *Kolumbus* Richtung Süden steuerte. Mit etwas Glück würden die Wale ihnen folgen.

Aber Connor konnte unbesorgt sein. Die Tiere wussten, was sie zu tun hatten. Dem Walgesang antwortend folgten sie dem U-Boot.

„Schon lustig“, bemerkte Roshni. „Wir haben in den Tiefen des Ozeans gesucht, dabei stand die Antwort die ganze Zeit in den Sternen.“

„Ja. Nun wissen wir, warum du als Weltraum-Expertin auf eine Unterwassermission geschickt wurdest", sagte Connor grinsend. „Ich bin echt froh, dass du hier bist, Roshni!"

Kapitel 8
HEIMREISE

Je weiter sie in den Süden kamen, umso kälter wurde das Wasser. Sie mussten schon fast in der Antarktis sein.

Nachdem die *Kolumbus* der Walschule eine Zeit lang vorausgefahren war, begannen die Wale plötzlich schneller zu schwimmen. Einer nach dem anderen überholte das U-Boot.

„Was ist los?“, fragte Roshni. „Geht es ihnen gut?“

„Ich denke schon“, entgegnete Connor. „Wahrscheinlich wissen sie jetzt, wo sie sind. Wir sind wieder auf ihrer Wanderungsroute.“

Als Letzte schwamm die Mutter mit dem geretteten Kalb an ihnen vorbei – und zwar Richtung Wasseroberfläche.

Roshni und Connor sahen sich an. Wortlos folgte Connor ihr in sicherem Abstand.

Die *Kolumbus* tauchte auf und Connor und Roshni blickten suchend über das glitzernde Wasser.

„Was hat sie vor?“, fragte Roshni.

„Das wirst du gleich sehen“, flüsterte Connor.

Und dann tauchte die Walmutter auf. Wie in Zeitlupe erhob sich ihr riesiger Körper aus dem Wasser. In der Luft drehte sie sich auf den Rücken und ließ sich in einer gewaltigen Fontäne aus Schaum und Wasser wieder zurückfallen. Die *Kolumbus* schaukelte heftig.

Kurz darauf sprang auch das Kalb aus dem Wasser und vollführte das gleiche Kunststück wie seine Mutter. Das Wasser spritzte zwar

nicht einmal halb so hoch, aber Connor und Roshni klatschten und jubelten vor Freude.

Auch die anderen Wale stiegen empor. Einer nach dem anderen prusteten sie hohe Wasserstrahlen aus ihren Blaslöchern und tauchten wieder ab.

„Sie verabschieden sich", sagte Roshni.

Connor nickte. „Macht's gut!", rief er. „Wir werden euch nie vergessen!"

Als der letzte Buckelwal in den Wellen verschwand, winkte er ihnen mit seiner enormen Schwanzflosse noch ein letztes Mal zu – dann war er weg.

„Können wir sie jetzt allein lassen?", fragte Roshni.

„Natürlich", entgegnete Connor. „Von hier werden sie den Weg in die Antarktis problemlos finden. Sie brauchen unsere Hilfe nicht mehr."

Mit einem leisen **PLING!** leuchtete am Armaturenbrett ein Knopf auf. NACH HAUSE stand darauf. Roshni seufzte erleichtert. „Mission beendet. Fahren wir nach Hause!"

Connor drückte den Knopf.

Die *Kolumbus* wackelte und ruckelte, als würde sie durch die Waschanlage fahren.

Die Heckmotoren röhrten ohrenbetäubend und katapultierten die *Kolumbus* mit Überschallgeschwindigkeit durch einen Tunnel aus blendend weißem Licht.

Connor blinzelte.

Das Armaturenbrett der Führerkabine versank im Boden. Die Glaskuppel glitt zur Seite und verschwand, und die gepolsterten Sitze wurden flach und hart, als hätte man die Luft herausgelassen. Alle Schränke und Ausrüstungsgegenstände klappten wie von Zauberhand weg und stattdessen tauchten vier wackelige Räder und zerschlissenes Holz auf. Die *Kolumbus* war wieder ein altes, klappriges Gokart ... Aber eben eins mit vielen Geheimnissen. Die Forscher-Kids würden sie gut hüten.

Als das weiße Licht schließlich verblasst war, befand sich die *Kolumbus* wieder auf ihrem Podest in der Forscherzentrale. Noch ein bisschen benommen stiegen Roshni und Connor aus.

Die anderen Forscher-Kids sprangen von ihren Plätzen vor den Computern auf und umringten Connor und Roshni fröhlich.

„Das war unglaublich!", rief Cheng. „Habt ihr die Gesteinsformationen gesehen, die es unter Wasser gibt?"

„Und all die verschiedenen Algen!", schwärmte Lea.

„Was war das für ein Gefühl, als der Wal aus dem Wasser sprang?", wollte Gustavo wissen.

„Gute Arbeit, Leute", lobte Olli. „Ich bin froh, dass die Wale jetzt in Sicherheit sind."

Connor und Roshni ließen sich auf das große weiche Sofa fallen und erzählten bei einer kalten Limo von ihrem Abenteuer. Alle waren sich einig: Die Mission war ein voller Erfolg.

„Kiki, glaubst du, du kannst die *Kolumbus* reparieren?", fragte Connor. „Beim nächsten Fall werden wir das Navigationsmodul sicher brauchen."

Kiki lachte. „Kein Problem. Die *Kolumbus* bekommt immer ein paar Kratzer ab. Ich flicke sie wieder zusammen."

Lea öffnete einen Schaukasten. „Habt ihr etwas für unsere Sammlung mitgebracht?"

Connor zog einen USB-Stick aus der Tasche. „Das müsst ihr euch anhören."

Über die Lautsprecher der Zentrale spielte er den Walgesang ab.

Als die ungewöhnlichen Klänge durch den Raum hallten, blieb den Forscher-Kids vor Staunen der Mund offen stehen. Niemand sagte ein Wort. Alle sahen hinauf zur Decke, an der eine Karte des Nachthimmels prangte, und lauschten der überirdischen Musik.

Danach legte Connor den USB-Stick in den Schaukasten zwischen einen vulkanischen Glasbrocken, den Cheng gesammelt hatte, und Leas Bonsaibaum aus Japan. Sie hatten wirklich schon viel miteinander erlebt.

Es war Zeit, nach Hause zu gehen. „Tschüss, Roshni", sagte Connor. „Tschüss, alle zusammen! Wir sehen uns bei der nächsten Mission!"

Alle winkten zum Abschied und Connor trat durch die leuchtende Tür, durch die er gekommen war.

Ein Windstoß fuhr ihm in Haare und Kleider. Wieder umfing ihn grell-weißes Licht, bevor es so schnell verblasste, wie es gekommen war. Connor stand in seiner Küche.

Als er über die Schulter zurücksah, war die Speisekammer wieder eine normale Speisekammer mit Cornflakes-Packungen, Dosenbohnen und einem Sack Kartoffeln. Keine Spur von dem, was gerade passiert war.

Fast kam es Connor vor, als hätte er sein Abenteuer nur geträumt. Aber er wusste, dass das nicht stimmte. Hier zu Hause war zwar keine Zeit vergangen, trotzdem war er mehrere Stunden unterwegs gewesen. Er hatte Hunger.

Er nahm einen Müsliriegel aus dem Regal und ging nach draußen. Kauend hockte er sich neben den Teich.

Der Schwarm winziger Kaulquappen paddelte friedlich umher. Offensichtlich gefiel es ihnen im klaren Wasser.

Connor lächelte. Wie sie da so schwammen, erinnerten sie ihn an die Walschule.

Die Kaulquappen lagen ihm am Herzen, genau wie die Buckelwale. Die rote Algenblüte konnte er zwar nicht so leicht aus dem Meer fischen wie die grünen Algen aus dem Teich. Trotzdem konnte er seinen Teil dazu beitragen, die Ozeane sauber zu halten.

Connor war stolz, zu den Forscher-Kids zu gehören, und die letzte Mission war definitiv eine der besten. Er konnte die nächste kaum erwarten!

CONNORS

NOTIZEN

DER BUCKELWAL

* **Lateinischer Name**: Megaptera novaeangliae
* **Tierart**: Säugetier – atmet Luft, Warmblüter, lebendgebärend
* **Verbreitung**: weltweit, normalerweise in Küstennähe
* **Länge**: bis zu 17 Meter
* **Gewicht**: 34 Tonnen – mehr als fünf Afrikanische Elefanten!

In südlichen Gewässern fressen Buckelwale hauptsächlich antarktischen Krill.

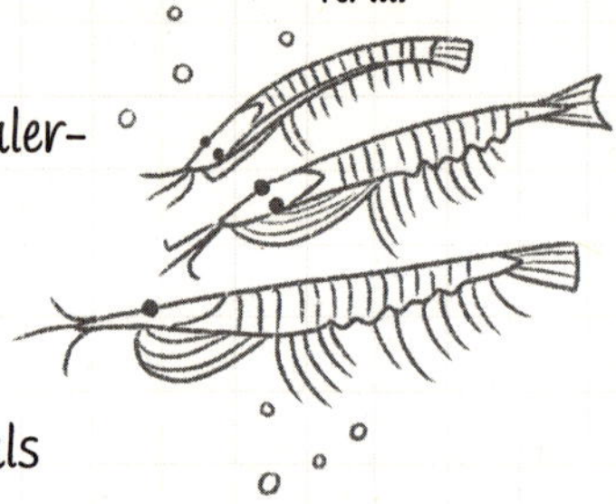

Jeder Wal hat auf der Unterseite der Schwanzflosse ein einzigartiges Muster.

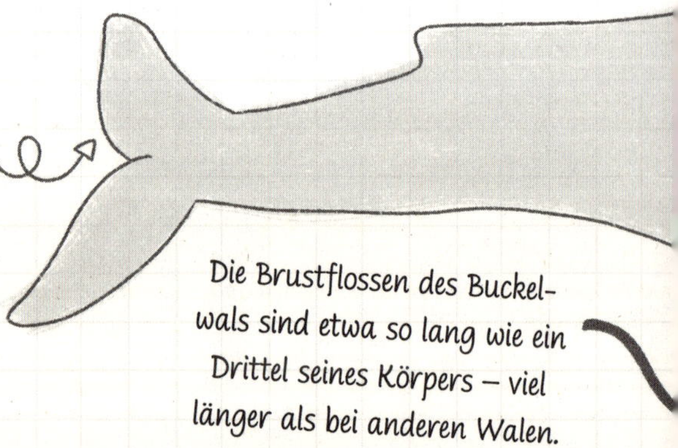

Die Brustflossen des Buckelwals sind etwa so lang wie ein Drittel seines Körpers – viel länger als bei anderen Walen.

MUSIKALISCHE WALE!

Die Geräusche männlicher Buckelwale bezeichnet man als Walgesang. Der Gesang dauert bis zu 30 Minuten und ist noch in mehreren Kilometern Entfernung zu hören. Forscher glauben, Wale locken damit Weibchen an, verteidigen ihr Territorium oder kommunizieren mit anderen Walen.

VERHALTEN

* Die meisten Buckelwale ziehen einmal im Jahr in wärmere Gewässer, um ihre Jungen zur Welt zu bringen. Dafür schwimmen sie Tausende Kilometer.
* Buckelwale leben in Gruppen von bis zu 15 Tieren, die man „Schulen" nennt.
* Ein erwachsener Buckelwal kann 45 Minuten die Luft anhalten, bleibt aber in der Regel nur 10–15 Minuten unter Wasser, bevor er auftaucht, um Luft zu holen.

Buckelwale haben riesige Nasenlöcher auf dem Kopf, die Blaslöcher genannt werden. Wenn der Wal taucht, verschließen sie sich.

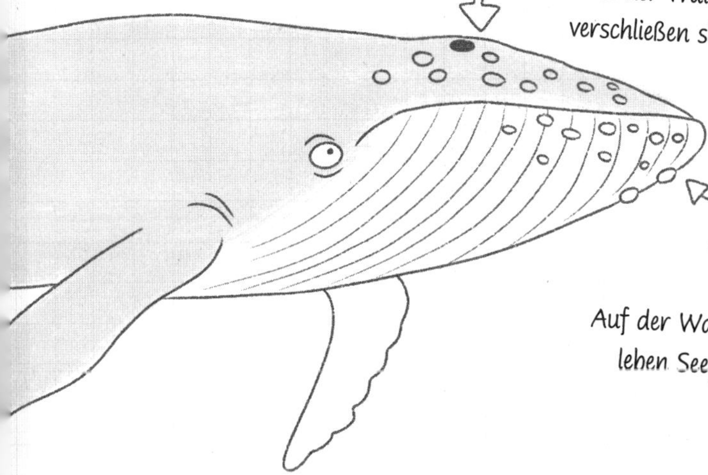

Auf der Walschnauze leben Seepocken.

MEERESZONEN

Lichtreiche Zone

* Dies ist die oberste Schicht des Meers – 200 Meter tief.
* In dieser Zone leben viele verschiedene Tiere, auch Buckelwale.
* Man findet hier auch winzige Lebewesen, das sogenannte Plankton, zu dem unter anderem Babykrabben und Fischeier gehören. Es treibt in der Strömung und ist für viele Tierarten die Nahrungsgrundlage.

Dämmerzone

* Zwischen 200 und 1000 Metern unter der Wasseroberfläche.
* Das wenige Sonnenlicht verleiht dieser Zone ein schwaches, blaues Leuchten. Hier leben weniger Tiere als in der lichtreichen Zone.
* In manchen Bereichen dieser Zone herrscht Sauerstoffmangel, an den sich die Tiere angepasst haben.

Dunkelzone

* Über 1000 Meter unter der Oberfläche. Hierhin dringt kein Licht mehr.
* An manchen Stellen ist das Meer bis zu 10 000 Meter tief.
* Manche Tiere dort sind biolumineszent – sie produzieren Licht. Der Anglerfisch beispielsweise hat einen leuchtenden Köder auf dem Kopf, der ein bisschen aussieht wie eine Angel, mit dem er seine Beute anlockt.

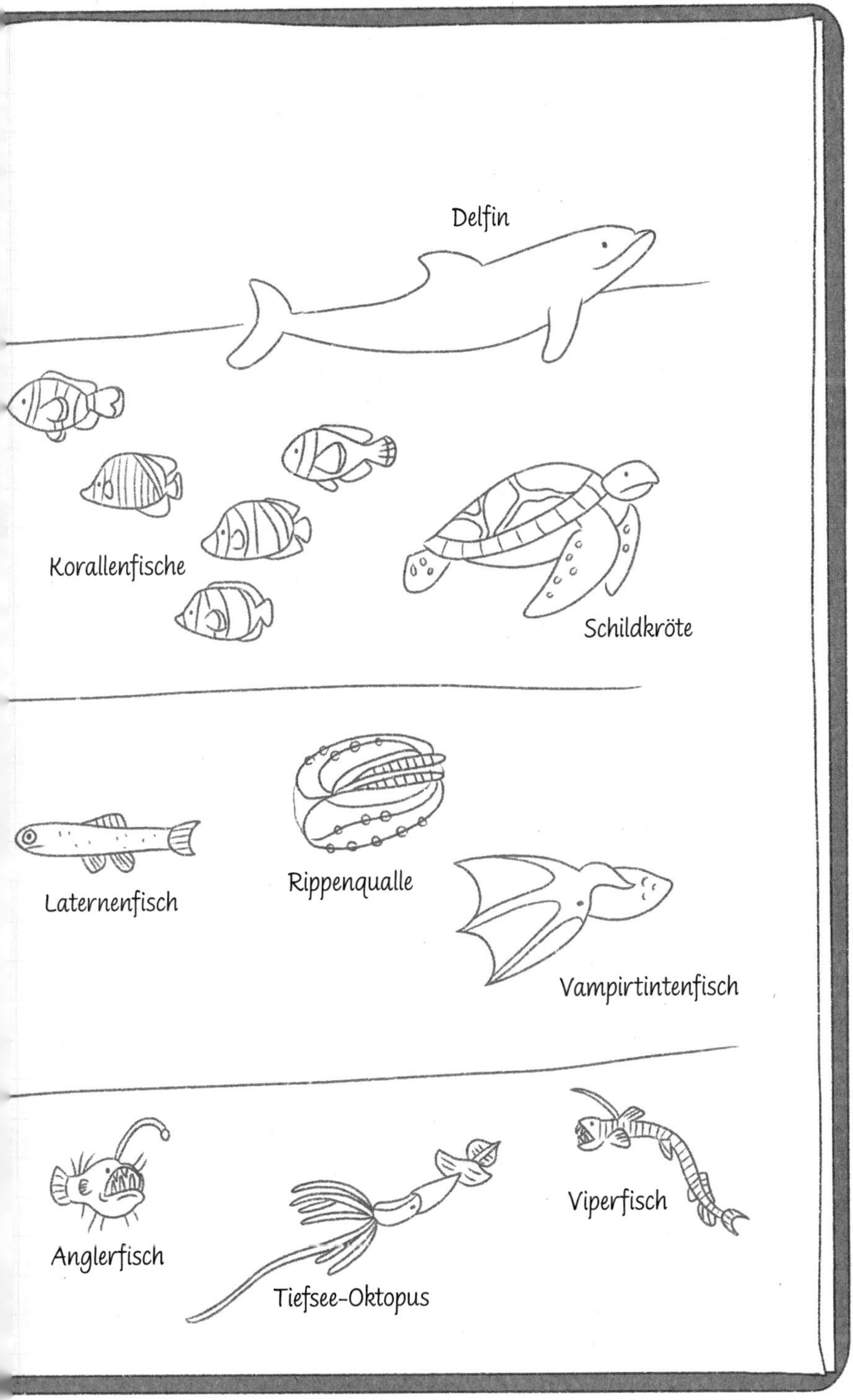
Delfin
Korallenfische
Schildkröte
Laternenfisch
Rippenqualle
Vampirtintenfisch
Anglerfisch
Tiefsee-Oktopus
Viperfisch

BEDROHTE OZEANE

Auf der Erde wird es immer wärmer, was für die Meere sehr schlecht ist. Die höheren Temperaturen beeinflussen den Lebenszyklus vieler Tiere und gefährden ihr Überleben.

ERDERWÄRMUNG

In der Atmosphäre entstehen Treibhausgase wie Kohlendioxid und Methan. Diese lösen den sogenannten Treibhauseffekt aus, indem sie die Wärme wie die Glasscheiben eines Gewächshauses daran hindern, aus der Atmosphäre zu entweichen.

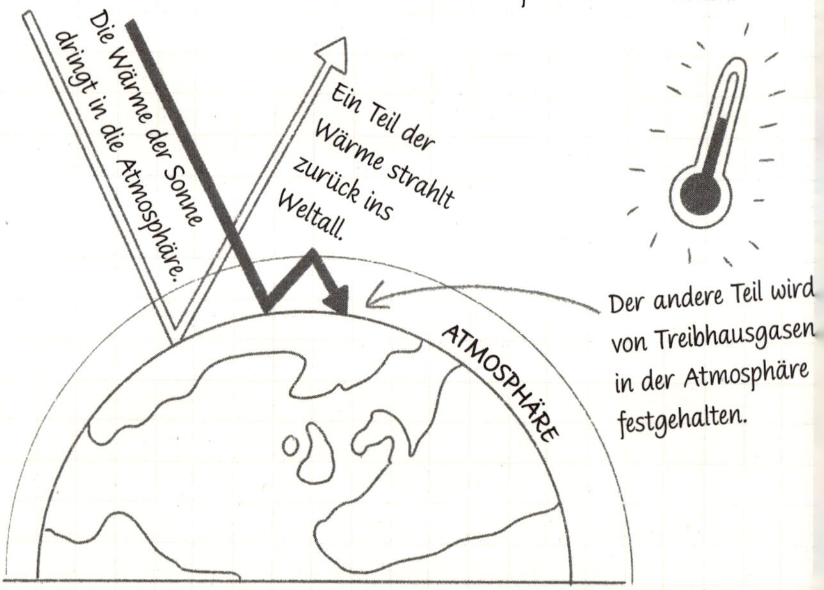

WAS SIND DIE URSACHEN?

* Fossile Brennstoffe wie Kohle, Gas und Öl, mit denen wir Strom produzieren und unsere Fahrzeuge antreiben. Beim Verbrennen gelangt Kohlendioxid in die Atmosphäre.
* Das Fällen von Bäumen, die das Kohlendioxid aufnehmen. Bäume sind die besten Luftfilter der Welt!
* Kühe stoßen beim Pupsen und Rülpsen viel Methan aus. Hinzu kommt, dass für Weideflächen Wälder abgeholzt werden.

WAS FÜR DIE MEERE SCHLECHT IST …

Höhere Wassertemperaturen und ein höherer Kohlendioxidgehalt zerstören die Korallenriffe, weshalb viele Fische und andere Tiere sterben.

Jährlich landen Millionen Tonnen Plastik im Meer. Die Meerestiere fressen die winzigen Plastikteilchen oder verfangen sich im Müll.

QUIZ

1 Wie nennt man eine Gruppe von Walen?

2 Wie lange kann ein erwachsener Buckelwal unter Wasser die Luft anhalten?

3 Welcher Hai hat die Augen an den Enden seines T-förmigen Kopfes?

4 Was fressen Buckelwale?

5 Warum kann eine große Algenblüte schädlich sein?

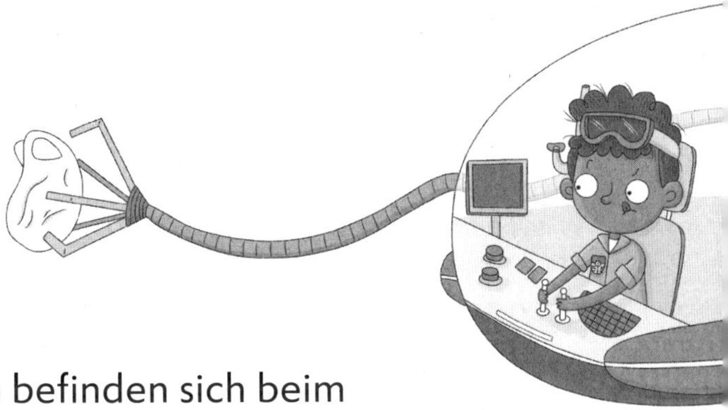

6 Wo befinden sich beim Buckelwal die Blaslöcher?

7 Was haben Alarmqualle, Anglerfisch und Rippenqualle gemeinsam?

8 Wie nennt man einen jungen Wal?

SUCHE DIE SEEDRACHEN!

In diesem Buch sind acht Seedrachen versteckt. Kannst du sie finden?

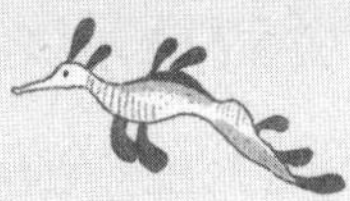

Die Lösungen findest du auf Seite 127.

BEGRIFFE

ALGEN
Pflanzenähnliche Organismen, die überwiegend im Wasser leben.

ALGENBLÜTE
Rasante Vermehrung von Algen.

ASTRONAUT
Person, die dazu ausgebildet wurde, ins Weltall zu fliegen.

BIOLUMINESZENZ
Wenn ein lebender Organismus Licht produziert.

FOSSILE BRENNSTOFFE
Überreste urzeitlicher Organismen, durch deren Verbrennung man Energie gewinnt.

GLOBALE ERWÄRMUNG
Von Treibhausgasen verursachter welt-

weiter Temperaturanstieg.

HORIZONT

Linie, wo Himmel und Meer aufeinandertreffen.

KAULQUAPPE

Junger Frosch oder junge Kröte.

KONSTELLATION

Gruppe von Sternen, die ein Bild ergeben, wenn man sie in Gedanken zusammenfügt.

KRILL

Kleine, krabbenähnliche Tiere, die im Meer treiben und von größeren Tieren wie Walen gefressen werden.

MEERESBIOLOGE

Person, die das Leben im Meer erforscht.

NEOPRENANZUG

Enger, wärmender Tauchanzug.

PERISKOP

Fernrohr mit Spiegeln an beiden Enden, sodass man um Ecken sehen kann.

SCHULE

Hier: Gruppe von Walen.

SCHWARM

Gruppe von Fischen.

SEEPOCKE

Schalentier, das sich an Oberflächen im Wasser heftet, etwa an Felsen und Wale.

SONAR

Hier: System, das Schallwellen aussendet, um Dinge unter Wasser oder in der Luft aufzuspüren.

TREIBHAUSGASE

Gase wie Kohlenmonoxid oder Methan, die die Sonnenwärme in der Atmosphäre halten.

VERSCHMUTZUNG

Schadstoffe in der Luft, im Wasser oder im Boden.

WANDERUNG

Wenn Tiere sich auf eine lange Reise begeben, um Nahrung oder einen Partner zu finden oder um ihre Jungen zu kriegen.

WASSERDRUCK

Hier: Druck, den eine Wassermenge ausübt. Je tiefer man taucht, umso größer wird der Wasserdruck.

Lösungen

1. Schule
2. 45 Minuten
3. Hammerhai
4. Krill
5. Ihr abgesondertes Gift schadet Meerestieren.
6. Auf dem Kopf
7. Biolumineszenz (Sie produzieren Licht.)
8. Kalb

DK | Penguin Random House

Text for DK by Working Partners Ltd
9 Kingsway, London WC2B 6XF
Mit speziellem Dank an Adrian Bott

Gestaltung Collaborate Ltd, Joanne Clark
Illustrationen Ellie O'Shea
Fachliche Beratung Derek Harvey
Lektorat Sam Priddy, Sarah Larter
Herstellung Nikoleta Parasaki, Ena Matagic

Der Verlag dankt Sally Beets und Seeta Parmar
für zusätzliche Lektoratsunterstützung.

Für die deutsche Ausgabe:
Verlagsleitung Monika Schlitzer
Programmleitung Heike Faßbender
Redaktionsleitung Martina Glöde
Projektbetreuung Martina Glöde, Angelika Herre
Herstellungsleitung Dorothee Whittaker
Herstellungskoordination Katharina Schäfer
Herstellung Leonie Herr, Jenny Kolbe

Titel der englischen Originalausgabe:
Secret Explorers: Lost Whales

Übersetzung Katja Hald
Lektorat Susanne Böse

ISBN 978-3-8310-4792-5

Druck und Bindung TBB, a.s., Slowakei

FSC www.fsc.org MIX Papier | Fördert gute Waldnutzung FSC® C018179

www.dk-verlag.de

Klimaneutral Druckprodukt
ClimatePartner.com/10326-2303-1005